ぜんぶ日本の食材でできる！
おうちで味わう台湾気分

台湾スープ

山脇りこ

誠文堂新光社

はじめに

台湾スープには、
おいしい知恵がつまっている。

●

台湾の食事では、いつもスープが一緒です。

たとえばメニューがチマキ一択の専門店でも、

スープは必ずあって、自由にとって、おかわりもできます。

寒い冬だけでなく、陽射しが強い夏も、朝も、夜も、

みんなが熱いスープをのんでいます。

台湾人はスープ星人なのです。

その特徴は、しょっぱすぎない、辛すぎない、強すぎない、カドのない味。

水やお茶のように、するする入る。

ひとくち目はもの足りなくても、最後の一滴をのみ干すころには、

なにかよきものが、じわーっと身体に染みわたります。

スープの決め手、「うまみの引き出し方」も天才的。

うまみの多い食材を、自由に、何層も重ね合わせるのです。
はっとする組み合わせにも出合います。
食材は余さず使い切り、乾物も上手に取り入れ、
なにより健康長寿に効く。

台湾スープには、スープが大好きだからこその、
スープをおいしくする知恵がつまっています。

この本では、そんな台湾スープをたっぷりご紹介します。
おいしさはもちろん、作りやすさも大切にしました。
日本のおかずにも合う「3ステップかんたんスープ」や「食堂スープ」、
時間はかけても手間はかけない「週末スープ」など、
どれも日本の食材と調味料でできるように工夫しました。

台湾が大好きな人にも、いつか行きたい人にも、
ただただスープを愛する人にも、
家で作って食べて、束の間、台湾気分になってもらえたらうれしいです。

台湾スープのおいしさを教えてくれた台湾に、
台湾の友だちとママたちに感謝を込めて。

　　　山脇りこ

ぜんぶ日本の食材でできる！
おうちで味わう台湾気分

台湾スープ

2 — はじめに
6 — この本の使い方

1章
とりこになる 口福5大スープ
8 — スペアリブと大根のスープ
10 — 鶏肉とごま油、しょうがのスープ
12 — 豚肉のとろみスープ
14 — モツのスープ
16 — 朝の豆乳のスープ

2章
3ステップ かんたんスープ
20 — のりと卵のスープ
20 — トマトと卵のスープ
22 — シラスと豆腐、しょうがのスープ
23 — シジミとしょうが、ねぎのスープ
24 — 手羽中と青梗菜のスープ
25 — ザーサイとハム、セロリのスープ
26 — 酒粕と大根のスープ
27 — トマトと豚肉、バジルのスープ

かんたん甘いスープ
28 — 杏仁の温かいスープ
28 — しょうがの温かいスープ
28 — 烏龍茶と黒糖、白キクラゲのスープ

3章
まいにち食べたい 食堂スープ
団子の入ったスープ
30 — 肉団子のスープ
32 — イカ団子のスープ
34 — 肉団子
35 — イカ団子
36 — 鶏団子のスープ
37 — エビにら団子のスープ
39 — 干し柿のスープ
40 — スーラータン
41 — もずくのスープ
42 — しいたけと鶏肉、春雨のスープ
44 — アサリと鶏肉のスープ
46 — キャベツと桜エビのスープ
48 — カキと豆腐のスープ
50 — アサリとエビ、野菜のスープ
52 — 冬瓜とホタテのスープ

ワンタンスープ
54 — ワンタンスープ
56 — エビワンタンスープ

素食スープ
62 — W大根のスープ
64 — 揚げエリンギのスープ

65 — 甜豆のスープ
66 — たけのこのスープ
67 — 厚揚げと春雨、大豆のスープ

日台ハイブリッドスープ

68 — カレースープ
70 — かぼちゃと梅のスープ
72 — 高菜と豆腐のスープ
74 — 白菜とツナのスープ

◆4章 じっくり作る 週末スープ

牛肉スープ

78 — 牛肉のスープ
80 — 牛肉のしょうゆ味スープ
80 — 牛肉とトマトのスープ
82 — とうもろこしとスペアリブ、バジルのスープ
84 — パイナップルとかぶのスープ
86 — 丸鶏とにんにくのスープ

◆5章 一品でまんぷくスープ

88 — 五色の野菜のスープ
92 — 汁ビーフン
94 — カキの麺線
96 — タンツー麺
98 — 鍋焼き意麺
100 — まかない汁かけごはん
102 — 台湾麻辣おでん

台湾の鍋料理

104 — しょうがと鶏肉の鍋
106 — 白菜の古漬け鍋

デザートスープ

108 — 梅とレモンのジュース
109 — 豆花〜黒糖シロップ
110 — さつまいものスープ
111 — 白玉入りピーナッツスープ

スープのとり方

58 — 鶏ガラと昆布、ねぎ、しょうがのスープ
60 — 手羽中と昆布のスープ
61 — 昆布としいたけのだし

台湾COLUMN

18 — 暮らしに根づく食養生 台湾といえば四神湯
38 — 衝撃のイカ団子との出合い 料理に深みを出す"うまみボール"
76 — うまみ×うまみで作り出す！? ぶっ飛ぶ！ほどおいしいスープ
90 — 台湾には中国大陸の料理が全部ある 異なるルーツの味を楽しむ

※本書の情報は、2020年10月時点のものです。

—B—

主に台湾特有の食材や調味料など、台湾に関するちょっとした情報を紹介しています。レシピとともに、台湾の文化も楽しんでください。

—A—

日本語のメニューを台湾華語で紹介しています。一部オリジナルのメニューなどは、日本語メニューをそのまま台湾華語に訳しています。

【 この本のルール 】

◆材料表にある分量は以下の通りです。
　大さじ1＝15mℓ、小さじ1＝5mℓ

◆火加減の目安は以下の通りです。
　強火＝鍋底全体に炎が当たるくらい
　中火＝炎の先が鍋底に当たるくらい
　弱火＝鍋底に炎が直接当たらないくらい

◆加熱時間は、火加減や環境によって異なる場合があります。様子を見ながら調理をしてください。

◆基本は「2人分」ですが、レシピによっては「作りやすい分量」としているものがあります。また、手がかかるものや保存ができるものは「4人分」にしています。

◆この本で使用しているごま油は、すべて香りのあるものを使用しています。焙煎されていない無色のごま油は香りがしないのでご注意ください。

◆この本では、豆腐は特に絹・木綿の区別をしていません。どちらでもおいしく食べられますので、好みで選んでください。

6

1章

とりこになる 口福5大スープ

たくさんのおいしいスープがある台湾。
「代表的なスープは？」と聞かれても、
迷ってしまいます。
ここではそんな中から、おいしいことはもちろん、
身近な食材を使って、
手軽に家庭でも本場の味を再現できる、
とっておきのスープを5つご紹介します。
おいしいものを食べる幸せ＝口福を存分に味わってください。

骨付き肉のうまみと大根の甘み。
ザ・台湾食堂なスープ。

スペアリブと大根のスープ

蘿蔔排骨湯

ルオボーパイグータン

[材料（2人分）]

豚スペアリブ・・・・8本（600g）
（5〜6cm長さのもの。大きい場
合は切ってもらうとよい）
大根・・・・・・・・1/3本（400g）
しょうが・・・・・・1個（80g）
水・・・・・・・・・・・・800㎖
酒・・・・・・・・・・・・大さじ3

だし昆布・・・・・・・・・・15g
塩・・・・・・・・・・・・小さじ1
五香粉・・・・・・・・・小さじ1/3
（好みで量は加減する）
白こしょう・・・・・・小さじ1/2
パクチー・・・・・・・・2〜3本

[作り方]

① 鍋に湯（分量外）を沸かし、豚スペア
　リブをさっと湯がいて水気をきる（臭
　みを取る） 写真A 。

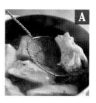

② 大根は皮をむいて、2cm角に切る。しょ
　うがは皮をこそげ取り、薄切りにする。

③ 鍋に1と2、水と酒を入れ、強火にか
　ける。沸いたら火を弱めて、アクを取
　り 写真B 、だし昆布と塩、五香粉を
　加え、ふたをして中火で40分煮る。

④ 味を見て、足りなければ塩（分量外）
　を足して調味し、白こしょうを振る。
　器に盛り、パクチーを添える。

(MEMO)

台湾では「排骨（豚のスペアリブ）」の文字を街中で見かけます。スープだけでなく、麺やごはんもの、おかずにも登場する、台湾を感じる肉です。まず、さっと湯がいてから使います。豚肉の臭みが取れ、やさしく澄んだスープになります。冬は山いもやじゃがいも、夏はとうもろこしやゴーヤと合わせて楽しみましょう（P.82参照）。

8

鶏肉とごま油、しょうがのスープ

麻油鶏湯
マーヨウジータン

身体の芯から温まる、
家庭で作れる薬膳スープ。

[材料 (2人分)]

鶏もも肉 ------- 1枚 (250g)
しょうが -------- 1個 (80g)
焼酎 (なければ日本酒)- 300ml
鶏ガラスープ -------- 400ml
(P.58参照。市販の鶏ガラスー
プでもよい)

みりん ------------- 大さじ2
しょうゆ ----------- 大さじ1
ごま油 ------------- 大さじ4
バジル -------- 3束 (15g)

[作り方]

① 鶏もも肉は4等分に切る。しょうがは気になる部分は
　 こそげ取り、皮ごと薄切りにする。

② 深めのフライパンにごま油をひき、中強火でしょうがを
　 炒める。縁がかりっとするまで炒めたら、鶏もも肉を加
　 えて表面に焼き色がつくまで炒める。

③ 2に焼酎を注ぐ。中火にして、沸いたら、鶏ガラスープ、
　 みりん、しょうゆを加える。再び沸いたらバジルの葉を
　 ちぎって入れる。

※市販の鶏ガラスープを使う場合は、3で味を見てしょうゆを減
　 らしてください。

MEMO

「麻油」とは、ごま油
のこと。台湾を旅し
ていると、各地で香り
高いごま油に出合え
ます。特に黒ごまを
焙煎した「黒麻油」は
くせになる味。これと
しょうが、米酒たっぷ
りで作る麻油雞湯は
友だちのママの十八
番。大好物になりま
した。夏は身体のむ
くみを取り、冬は芯
から温めてくれる、栄
養たっぷりの、養生
薬膳スープです。

10

ひき肉で手軽に
しっかりとろける食感を再現。

豚肉のとろみスープ

肉羹
ロウグン

[材料 (2人分)]

豚ひき肉	…………	100g
豚バラ薄切り肉	……	100g
キクラゲ (乾物)	………	5g
塩	…………	小さじ1/2
片栗粉	…………	大さじ2
ごま油	…………	大さじ2

A			
	水	…………	500㎖
	しょうゆ	……	小さじ2
	みりん	……	大さじ1
	酒	……	大さじ3
白こしょう	……	小さじ1/2
パクチー	……	3〜4本

[作り方]

① キクラゲはたっぷりの水（分量外）に20分ほどつけて戻し、食べやすい大きさに切る。

② 豚ひき肉に塩を混ぜ、よく練る。片栗粉、ごま油を加えてさらに練る。

③ 鍋に、Aと1を入れて中火にかける。

④ 豚バラ肉は4cm幅に切り、2を挟むようにしてまとめ 写真A 、沸いている3に入れる。

⑤ 豚肉に火が通ったら、白こしょうを振る。パクチーをちぎって加え、器に盛る。

A

【 MEMO 】

羹とはとろみスープのこと。私は台北の東門市場にある「東門赤肉羹」の赤肉羹が好きで、自分でも作りたくなり、試行錯誤。柔らかくしっとりした肉のおいしさを手軽に再現してみました。

安くてうまい下町の味
レバーの血抜きをマスターしましょう。

材料 (2人分)

鶏レバー･･･････････150g
砂肝････････････････150g
しょうが･･････2片(30g)
鶏ガラスープ･･･････500ml
(P.58参照。市販の鶏ガラスー
プでもよい)

酒･･･････････････大さじ3
しょうゆ･･････････小さじ2
塩･････････････小さじ1/2
パクチー･････････････3本

作り方

1. 鶏レバーの血抜きをする。鶏レバーを
2.5cm角に切ってボウルに入れ、たっ
ぷりの水(分量外)を入れて、流水プー
ルを作るように手でそっとかき混ぜる。
2～3回水を替えながら、全体が白っぽ
くなるまでやさしく洗う 写真A 。ざる
にあげて水気をきる。

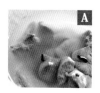

2. 砂肝は両側の脂と筋を取り、食べやす
いように表面に細く切りこみを入れる
写真B 。

3. しょうがはせん切りにする。

4. 鍋に鶏ガラスープと酒を入れて強火に
かけ、沸いたら1と2を加える。再び沸
いたら、アクを取る 写真C 。火を弱め、
しょうが、しょうゆ、塩を加え、5分煮
る。器に盛り、パクチーを添える。

MEMO

日本人ならぎょっとしそうな名前ですが、下水とは内臓、いわゆるモツのこと。はじめての出合いは高雄にて。名前にびっくり、食べて感動、苦手だったモツをここで克服した思い出の味です。鶏1羽を使い切るためのスープと聞きました。澄んで臭みもなく、食感もおもしろい。手に入りやすいレバーと砂肝で作ります。

14

朝の豆乳スープ

鹹豆漿 シェンドウジャン

ほろほろ豆乳がやさしい目覚めの味。
ピリリとしたラー油を垂らして。

［ 材料(4人分) ］

豆乳 ----------------- 500㎖
米酢 ----------------- 小さじ2
塩 ------------------- 小さじ1/2
パクチー ------------- 2～3本

ラー油 --------------- 小さじ1/2
あれば油條 ----------- 適宜
（レシピは下段参照）

［ 作り方 ］

① 鍋に豆乳と米酢、塩を入れて中火にかけ、沸いたら火を止める。2～3分で分離してほろっとしてくる。器に盛り、ラー油をかけてパクチーを添える。油條といただく。

┌─────────────────────────────────────┐
　豆乳スープと相性のいい油條(台湾の揚げパン)を手作り！
└─────────────────────────────────────┘

［ 作り方 ］

① ボウルに強力粉150gとドライイースト1gを入れ、さっくりと混ぜ合わせる。ここに、水100㎖を加えて、はじめは菜箸で混ぜ、粘りが出てきたら、手でこねてまとめる（この段階では生地はつるんとなめらかでなくて大丈夫）。

② ラップをかけて、常温で3時間ほどおくと膨らんでくるので、取り出す。まな板の上に打ち粉を薄く振って生地をのせ、1cmほどの厚さにのばして6等分する。

③ 深めのフライパンに深さ2cmほど油を入れ、180℃に熱する。2で6等分したものをさらに2等分してひも状にのばし、2本を編むようにして油に入れ、ときどき返しながら全面をこんがり揚げる。

╭─ MEMO ─╮

鹹豆漿に油條（揚げパン）は旅人も大好きな台湾の朝の定番。意外かもしれませんが、台湾でポピュラーになったのは戦後のこと。もともとは中国大陸の北の方の料理だそう。私は「青島豆漿店」（台北）の炭香がする鹹豆漿が好きです。豆乳を上手にほろっとさせるコツは沸騰させすぎないこと。一緒に油條も作ってみてください。

暮らしに根づく食養生

台湾といえば四神湯

スーシェンタン

湾の友だち曰く「調子がよくても、悪くてものむよ」。

四神湯は、台湾人にこよなく愛されている、薬食同源の思想に基づいた健康長寿スープ。

四神とは４つの生薬で、茯苓（マツホドというブクリョウ菌類）、蓮子（ハスの実）、淮山（乾燥山いワイサンも）、芡實（鬼ハスのケンジツ実）。これに薏苡仁（ハトムギ）、豚のモツなどコクイニンを加えて作ります。胃、脾臓、腎臓を整える、むくみの軽減、体力増強といった効用があるそうです。

四神湯の作り方

[材料(4人分)]

四神湯セット（写真参照）‥‥4人分
ホルモン‥‥‥‥‥‥‥‥‥‥150g
鶏レバー‥‥‥‥‥‥‥‥‥‥100g
水‥‥‥‥‥‥‥‥‥‥‥‥1,000㎖
酒‥‥‥‥‥‥‥‥‥‥‥‥‥大さじ3
塩‥‥‥‥‥‥‥‥‥‥‥‥‥小さじ1

ディーホアジェ
台北の迪化街などにある漢方薬局や乾物店では「四神湯セット」が簡単に手に入ります。次の旅ではお土産にして、ぜひ作ってみてください。

[作り方]

1 四神湯セットの生薬を鍋に入れ、水（1,000㎖）を加えて1時間ほどおく。

2 レバーは、食べやすい大きさに切り、水（分量外）の中で泳がせるようにして血抜きをする（P.14参照）。ホルモンは熱湯でさっとゆでる。

3 1にホルモン、酒、塩を入れて中火にかけ、沸いたら火を弱めて40分煮る。レバーを加えて、再び沸いたら、5分ほど煮て器に盛る。

※好みでこしょうを振りかけていただきます。また、水を鶏ガラスープにするとより濃厚な味になります。

2章

3ステップ
かんたんスープ

台湾の味に気軽に挑戦してもらいたくて、
3ステップでかんたんに作れるスープを集めました。
身近な食材を使っているので、
夕食にあと一品ほしいときにも、
ひとりのランチにも、大活躍してくれます。
ぜひ、レパートリーに加えてください。

卵をふわっふわにして、磯の香りとともに。

[材料 (2人分)]

のり ・・・・・・・・・・ 1枚 (全形)
卵 ・・・・・・・・・・・・・・・ 2個
鶏ガラスープ ・・・・・・ 500ml
(P.58参照。市販の鶏ガラスー
プでもよい)
酒 ・・・・・・・・・・・・ 大さじ3
塩 ・・・・・・・・・・・ 小さじ1/2
白こしょう ・・・・・・ 小さじ1/2
パクチー ・・・・・・・・ 2〜3本
(青ねぎや青じそでもよい)

[作り方]   3ステップで完成!

1. のりは手で軽く揉み、卵はふわっとするまでよく溶きほぐす。

2. 鍋に鶏ガラスープ、酒、塩を入れて中火にかける。沸いたところでのりを入れ、さらに溶き卵を加える。少しそのままおき、卵に8割方火が入ったら、ざっくり混ぜて火を止め、白こしょうを振る。

3. 器に盛り、パクチーを添える。

台湾の家庭でもよく作られている卵のスープ。台湾でスープに入れるのりは野生ののりともいうべき「紫菜」。円盤形のかたまりで売られています。日本ののりよりしっかりとした食感で、もっと磯の味がします。

トマトのうまみとほんのりごま油の香り。

[材料 (2人分)]

トマト ・・・・・・・・・・・ 中2個
卵 ・・・・・・・・・・・・・・・ 2個
えのきだけ ・・・・ 1/2袋 (50g)
水 ・・・・・・・・・・・・・・ 500ml
酒 ・・・・・・・・・・・・ 大さじ3
塩 ・・・・・・・・・・・ 小さじ1/2
しょうゆ ・・・・・・・・ 小さじ1
ごま油 ・・・・・・・・・・ 小さじ1

[作り方]   3ステップで完成!

1. トマトはヘタを取り、2cm角に切る。えのきだけは2cm幅に切る。

2. 卵を溶く。1を鍋に入れて、水、酒、塩を加えて中火にかけ、沸いたら、溶き卵をゆっくり流し入れ、1〜2分そのまま加熱する。

3. 卵に8割方火が入ったらしょうゆ、ごま油を加え、器に盛る。

シラスと豆腐、しょうがのスープ

シラスから引き出す、やさしいだしにホッとします。

[材料 (2人分)]

シラス干し ---------- 50g
豆腐 -------- 1/2丁 (150g)
しょうがのすりおろし
---------- 2片分 (30g)
水 ---------- 500㎖
酒 ---------- 大さじ3
塩 ---------- 小さじ1/2
しょうゆ ---------- 小さじ1
青ねぎ ---------- 2本

[作り方]　**3ステップで完成!**

1　シラス干しはさっと熱湯 (分量外) をかける。豆腐は1.5cm角に切る。

2　1を鍋に入れ、水、酒、しょうが、塩、しょうゆを加えて中火にかけ、ひと煮立ちさせる。

3　青ねぎは小口切りにし、2に加える。色が鮮やかになったら火を止めて器に盛る。

22

シジミとしょうが、ねぎのスープ

蜆仔湯
シェンザイタン

しょうがとごま油でぐっと台湾な気分に。

[材料 (2人分)]

シジミ ------------ 150g
しょうが ------- 2片 (30g)
水 --------------- 500mℓ
酒 ---------------- 大さじ1
塩 -------------- 小さじ1/2
ごま油 ---------- 小さじ2
青ねぎ ------------- 3本

[作り方] **3ステップで完成!**

1. シジミはひたひたの水(分量外)につけて10分ほどおき、殻をこすり合わせるようにしてよく洗う。

2. 鍋に1、水、酒、塩を入れて中火にかける。

3. しょうがはせん切り、青ねぎは小口切りにする。2が沸いたら加え、ひと煮立ちしたら火を止める。仕上げにごま油を加えて器に盛る。

手羽中のうまみで深い味わいに。

[材料 (2人分)]

手羽中 ・・・・・・・ 8本 (150g)
青梗菜 ・・・・・・・・・・・ 1株
チンゲンサイ
水 ・・・・・・・・・・・・・ 500ml
酒 ・・・・・・・・・・・ 大さじ1
だし昆布 ・・・・・・・・・ 15g
塩 ・・・・・・・・・・・ 小さじ1
白こしょう ・・・・・ 小さじ1/2

[作り方]　3ステップで完成!

1 青梗菜は1cm幅に切る。

2 鍋に、手羽中、水、酒を入れて
強火にかけ、沸いたらアクを
取ってだし昆布と塩、青梗菜の
軸だけを入れてふたをし、中火
で15分煮る。

3 青梗菜の葉を2に加え、再び
沸いたら火を止めて白こしょう
を振り、器に盛る。

24

たっぷりの具、やさしい塩気に香りのアクセント。

[材料（2人分）]

ザーサイ	50g
ハム	2枚
セロリ	1本
水	500㎖
酒	大さじ2
塩	小さじ1/2
ごま油	小さじ1
白こしょう	小さじ1/2

[作り方] 3ステップで完成！

1　ザーサイは粗みじんに切る。セロリは斜め薄切りにする（葉も2〜3枚入れる）。ハムはせん切り、もしくは5mm幅に切る。

2　鍋に、水と酒、1を入れて中火にかけ、沸いたら、塩を加えてふたをして10分煮る。

3　仕上げにごま油を加え、白こしょうを振り、器に盛る。

酒粕と大根のスープ

酒釀蘿蔔湯
ジョウニャンルオボータン

ぽかぽか身体が温まる養生スープ。

[材料 (2人分)]

大根 ------- 1/4本 (200g)
A 酒粕 ------- 大さじ4
しょうがのすりおろし
------- 2片分 (30g)
塩 ------- 小さじ1
水 ------- 500ml
パクチー ------- 2本
クコの実 ------- 適宜
(水につけて15分ほど戻し、
水を替えてさらに15分戻す)

[作り方] ▶ **3ステップで完成！**

① 大根はせん切りにし、水気を軽く絞る。

② 鍋に1を入れて**A**を加え、中火にかける。沸いたら混ぜて酒粕を溶かし、ふたをして10分煮る。

③ 器に盛り、パクチーを添える。好みでクコの実をトッピングする。

※ごまをトッピングするのもおすすめです。

台湾メモ

台湾でポピュラーな酒釀は発酵食品で、甘さを加える発酵調味料としても使われます。どろっとしていて、そのままかき氷にかけたり、白玉団子にかけて酒釀圓子にも。私は酒釀に卵としょうがを加えたほんのり甘い温かいスープが好きで、大根も入れて作るようになりました。酒釀はもち米を1か月くらい発酵させて作るのでアルコールが含まれているのも特徴です。この感じ、日本の酒粕に近いと思い、ここでは酒粕を使っています。

くたくたのトマトが
とろっとした豚肉にからむごちそうスープ。

番茄豬肉湯
ファンチェジューロウタン

[材料（2人分）]

トマト ・・・・・・・・・・・・・ 1個
豚こま切れ肉 ・・・・・・・ 100g
片栗粉 ・・・・・・・・・・・ 大さじ1
バジル ・・・・・・・・・・・・・ 3枝
A　水 ・・・・・・・・・・・ 500㎖
　　酒 ・・・・・・・・・・・ 大さじ3
　　塩 ・・・・・・・・・・・ 小さじ1
　　しょうがのすりおろし
　　・・・・・・・・ 2片分（30g）
ごま油 ・・・・・・・・・・・ 大さじ1
白こしょう ・・・・・・ 小さじ1/2
五香粉 ・・・・・・・・・・・・・ 適宜

[作り方] ▶ 3ステップで完成！

1. トマトはヘタを取り、2㎝角に切る。鍋にごま油をひき、中火でトマトを炒める。トマトが崩れてきたらAを加え、ふたをして沸くまで火にかける。

2. 豚肉は食べやすい大きさに切り、片栗粉をまぶす。バジルは手で2〜3㎝にちぎる。

3. 1が沸いたら、豚肉を加える。豚肉に火が通ったら、バジルを加えてひと煮立ちさせる。仕上げに白こしょう、好みで五香粉を振り入れて器に盛り、バジル（分量外）を添える。

かんたん
甘いスープ

杏仁の
温かいスープ

杏仁茶

シンレンチャー

[材料（2人分）]

杏仁霜〈キョウニンソウ〉 ・・・・・・・ 大さじ1
アーモンドミルク（無糖）
・・・・・・・・・・・・・・ 200mℓ
牛乳 ・・・・・・・・・・・・ 200mℓ
グラニュー糖 ・・・・・ 小さじ2

[作り方]

①　鍋にすべての材料を
入れ、中火にかける。
沸騰させないように
気をつけて砂糖を溶
かす。

　　※あれば、杏子酒を少し
加えるのもおすすめ
です。

烏龍茶と黒糖、
白キクラゲの
スープ

黒糖白木耳烏龍甜湯

ヘイタンバイムーアーウーロンティエンタン

[材料（2人分）]

白キクラゲ（乾物） ・・・・・ 8g
黒砂糖（粉末） ・・・・・ 大さじ1
烏龍茶 ・・・・・・・・・・ 400mℓ
（濃いめのものがよい）

[作り方]

①　白キクラゲはたっぷ
りの水（分量外）に20
分つけて戻し、硬い
部分を取りのぞき、2
cm幅くらいに切って、
水でよく洗う。

②　鍋に烏龍茶、1、黒砂
糖を入れ、ふたをして
弱火で20分ほど煮る。

しょうがの
温かいスープ

酒醸薑湯

ジョウニャンジャンタン

[材料（2人分）]

酒粕 ・・・・・・・・・・・ 大さじ1
甘酒 ・・・・・・・・・・・ 大さじ1
しょうがのすりおろし
・・・・・・・・・ 2片分（30g）
熱湯 ・・・・・・・・・・・ 300mℓ

[作り方]

①　ボウルに酒粕、甘酒、
しょうがのすりおろ
しを入れて、熱湯を
注ぎ、よく混ぜる。

3章

まいにち食べたい　食堂スープ

おいしいものであふれている、台湾の食堂。
そこで出されている数々のスープを
日本にある食材で作れるようにアレンジしました。
肉団子やワンタンといった、スープを彩る人気の具もご紹介。
日台のいいとこ取りをしたハイブリッドスープや、
ベジタリアンが多い台湾ならではの野菜のスープも。
いつもにぎわっている食堂や夜市のスープを
家で作ってみてください。

食堂、屋台、いつでもどこでも、
No.1の愛されスープ。

「丸」は団子のこと。台湾
で不動の定番、豚肉、イカ
など、うまみたっぷりの
団子を使ったスープ
です。

肉団子のスープ

貢丸湯
ゴンワンタン

[材料 (2人分)]

肉団子 (P.34参照) ‑‑‑‑‑‑‑‑‑‑‑‑‑‑‑‑‑‑‑ 6個
青梗菜 ‑‑‑‑‑‑‑‑‑‑‑‑‑‑‑‑‑‑‑‑‑‑‑‑‑‑ 1株
チンゲンサイ
(パクチーや春菊でもよい)
鶏ガラスープ ‑‑‑‑‑‑‑‑‑‑‑‑‑‑‑‑‑‑ 500mℓ
(P.58参照。市販の鶏ガラスープでもよい)
酒 ‑‑‑‑‑‑‑‑‑‑‑‑‑‑‑‑‑‑‑‑‑‑‑‑‑‑‑ 大さじ2
塩 ‑‑‑‑‑‑‑‑‑‑‑‑‑‑‑‑‑‑‑‑‑‑‑‑‑ 小さじ1/2
しょうゆ ‑‑‑‑‑‑‑‑‑‑‑‑‑‑‑‑‑‑‑‑‑ 小さじ1
白こしょう ‑‑‑‑‑‑‑‑‑‑‑‑‑‑‑‑‑‑‑‑‑‑ 適宜

[作り方]

① 青梗菜は大きな外葉は3cm長さに切る。内側は縦半分に
切る。

② 鍋に鶏ガラスープと酒を入れて中火にかけ、沸いたら塩、
しょうゆ、肉団子を入れてふたをする。

③ 再び沸いてきたら1を加えて、鮮やかなグリーンになった
ら火を止め、器に盛って好みで白こしょうを振る。

ゲソまで丸ごと使った、
イカのうまみたっぷりスープ。

イカ団子のスープ

花枝丸湯 ファーズーワンタン

[材料（2人分）]

イカ団子（P.35参照） - - - - - - - - - - - - - - 6個
白菜（外葉） - - - - - - - - - - - - - - - - - - 1枚
（セロリやロメインレタスでもよい）
鶏ガラスープ - - - - - - - - - - - - - - - - 500㎖
（P.58参照。市販の鶏ガラスープでもよい）
塩 - 小さじ1/2
みりん - - - - - - - - - - - - - - - - - - - 大さじ1
白こしょう - - - - - - - - - - - - - - - - - 適宜

[作り方]

① 白菜は太めのせん切りにする。鍋に入れ、鶏ガラスープ
と塩を加えてふたをし、中火にかける。沸いてからさら
に10分ほど煮る。

② 1にイカ団子、みりんを入れる。再び沸いてきたら火を止
め、器に盛って好みで白こしょうを振る。

① 豚ひき肉と塩をボウルに入れ、粘りが出るまでよく練る（塩以外を入れると粘りが出にくくなる）。

② 青ねぎは小口切りにする。**1**にねぎと **A** を加えて、さらによく練る。

③ このくらいの状態になればOK。

④ 鍋にたっぷりの湯を沸かす。2本のスプーンで直径2.5cmくらいのボール状に丸めて入れ、ゆでる。

すぐにスープにする場合は、湯ではなく、直接スープに入れてゆでます。

しょうがの効いた
豚肉団子は
台湾でも大人気。

豚肉で作る肉団子。台湾より少しやさしい食感に。**1**のステップでしっかり粘りを出すのがコツ。多めに作っておくと便利です。

団子の
入ったスープ

肉団子

ゴンワン

貢丸

［ 材料（10個分）］

冷蔵で3日、冷凍で2週間保存可能

豚ひき肉	200g
塩	小さじ1/2
青ねぎ	3本
（にらでもよい）	

A		
	卵	1個
	片栗粉	大さじ1
	ごま油	大さじ1
	しょうがのすりおろし	2片分（30g）

① イカは内臓と軟骨を取り除き、ゲソと胴体に分ける。ゲソは先端を切り落とし、3cm長さに切る。胴体は皮をむき、3～4cm幅に切る。

② フードプロセッサーに 1 と A を入れてなめらかになるまで撹拌。

③ このくらいの状態になればOK。

④ 鍋にたっぷりの湯を沸かす。2本のスプーンで直径2cmくらいのボール状に丸めて入れ、ゆでる。

すぐにスープにする場合は、湯ではなく、直接スープに入れてゆでます。

ふんわりした中に イカの歯ごたえが うれしい。

イカ団子は、ふんわり仕上げました。しっかり歯ごたえがあるタイプがお好きな方は、はんぺんを除いて作ってみてください。

団子の入ったスープ

イカ団子

花枝丸
ファーズーワン

材料（12個分）

冷蔵で2日、冷凍で2週間保存可能

イカ	1杯（300g）

A	はんぺん	1/2枚（50g）
	卵	1個
	片栗粉	小さじ2
	塩	小さじ1/2

2種の鶏肉で食感よく、鍋ものにも重宝します。

鶏団子のスープ

雞肉丸湯
ジーローワンタン

材料（作りやすい分量／3〜4人分）

〈鶏団子〉
鶏ひき肉（もも） ------- 150g
鶏ささ身 -------------- 3本
塩 ------------------ 小さじ1/2
A｜ごま油 ----------- 小さじ2
　｜片栗粉 ----------- 小さじ2
　｜酒 -------------- 小さじ2

鶏ガラスープ --------- 800㎖
（P.58参照。市販の鶏ガラスープ
でもよい）
塩 ----------------- 小さじ1
しょうが --------- 2片（30g）
春菊 ----------- 4本（30g）
白こしょう ------------- 適宜

作り方

① 鶏団子を作る。鶏ささ身は1cm角に切る。ボウルに入れ、鶏
　ひき肉、塩（小さじ1/2）を加えて粘りが出るまでよく練る。A
　を加えてさらに練る。

② しょうがは薄切りにする。鍋に鶏ガラスープと塩（小さじ
　1）、しょうがを入れて中火にかけ、沸いてきたら1を2本の
　スプーンで直径2.5cmくらいのボール状に成形して加える。
　火が通って浮き上がってくるまでゆでる。

③ 春菊は2cm長さに切る。2に加えて、春菊が鮮やかなグリー
　ンになったら完成。器に盛り、好みで白こしょうを振る。

エビにら団子のスープ

ぷりっぷりのエビと、きれいなグリーンが映える。

鮮蝦韭菜丸湯

シエンシャージュウツァイワンタン

材料（作りやすい分量／3〜4人分）

〈エビにら団子〉

むきエビ	200g
にら	1/2わ

A

塩	小さじ1/2
ごま油	小さじ2
片栗粉	小さじ2
酒	小さじ2

しょうがのすりおろし	1片分（15g）
鶏ガラスープ	800mℓ

（P.58参照。市販の鶏ガラスープでもよい）

塩	小さじ1
白こしょう	適宜

作り方

1. エビ団子を作る。むきエビは、片栗粉大さじ1と塩小さじ1（ともに分量外）をまぶして揉み、汚れを取って流水でよく洗い流し、水気をきる。

2. にらは3cm長さに切る。2本分は仕上げ用に取り分けておく。

3. フードプロセッサーに**1**とにら、**A**を入れてなめらかになるまで攪拌する。

4. 鍋に鶏ガラスープと塩を入れて中火にかけ、沸いてきたら**3**を2本のスプーンで直径2.5cmくらいのボール状に成形して加える。火が通って浮き上がってくるまでゆでる。

5. 取り分けておいたにらを加えて色鮮やかになったら完成。器に盛り、好みで白こしょうを振る。

衝撃のイカ団子との出合い

料理に深みを出す"うまみボール"

市場で売られている、いろいろな団子。台湾中で見かけます。

「スープや鍋に入れてね」。台湾の友だちから、真空パックになった白いすり身のようなものを渡されました。これが、衝撃の花枝丸（イカ団子）との出合いでした。

プリッと弾力があって、噛むとむっちり、ぎゅっとつまったイカ！ イカ！ 長めに煮ても崩れない、力強い団子っぷり。しかも、中からたっぷりのうまみが出てきて、まるで"うまみボール"ではないですか。

このイカ団子、彼女のふるさと、屏東最大の漁港、東港のマグロや桜エビで知られる東港の市場で人気のものでした。東港では、新鮮なイカが揚がったら、夜明けから団子作りをはじめるのだそう。魚介にうるさい街のみんなが唸るイカ団子だったのです。

花枝丸も、貢丸（肉団子）も魚子丸（魚のつみれ団子）も、台湾では家庭で作るより、プロが作ったものを買ってくることが多いようです。市場でも団子を取り扱う店が多く見られ、人気の店には行列が絶えません。

団子は、スープや火鍋の具としてだけでなく、滷味（しょうゆベースの煮もの）の具の定番でもあります。数十種類の具から客が好きなものを選び、その場で生薬やスパイスが香るしょうゆと酒で煮てくれる滷味の屋台が街中にあり、いつでもにぎわいをみせています。

花枝丸や貢丸はただの具というより、これらからうまみが引き出され、料理全体に深みが出る、"うまみボール"として愛されているのだ、と思います。

台湾に行ったら訪れたい！

燈籠滷味（ダンロンルーウェイ）

(住)：台北市 大安區師大路43號

師大夜市（台湾師範大学に近く若者が多い夜市）の滷味のお店。くせになる味で、いつも大混雑。イカ団子もぜひ！

裕祥便當（ユーシャンビェンダン）

(住)：屏東縣東港鎮共和里光復路三段61-1號

何を食べてもおいしい食堂。名物のちまきと一緒に東港のイカ団子のスープをぜひ。

干し柿のスープ

柿餅雞湯
スーピンジータン

ほんのり甘じょっぱい、不思議な食感がくせになる。

[材料（2人分）]

干し柿	2個
鶏ひき肉	100g
塩	小さじ1
片栗粉	大さじ2
ごま油	小さじ2
しょうがのすりおろし	1片分（15g）
鶏ガラスープ	600mℓ
（P.58参照。市販の鶏ガラスープでもよい）	
酒	大さじ2
パクチー	適宜

[作り方]

1. 鶏ひき肉に塩の半量（小さじ1/2）を加えてよく練る。片栗粉、ごま油、しょうがのすりおろしを加えてさらに練る。

2. 干し柿の真ん中に切り目を入れ、1を詰める 写真A 。

3. 鶏ガラスープと酒を鍋に入れて残りの塩も加え、2をそっと入れて中火にかける。沸いたら、ふたをして10分煮る。干し柿を取り出し、半分に切って器に盛る。スープを注ぎ、好みでパクチーを添える。

辛みも酸味もやさしめで、食べやすいのが台湾流。

酸辣湯
スァンラータン

[材料（作りやすい分量／2〜3人分）]

豚こま切れ肉 ・・・・・・・・ 150g
しょうゆ ・・・・・・・・・・・ 大さじ1
片栗粉 ・・・・・・・・・・・・ 大さじ1
にんじん ・・・・・・・・ 1/2本（80g）
もやし ・・・・・・・・・・・・・・ 50g
干ししいたけ ・・・・・・ 2枚（10g）
水 ・・・・・・・・・・・・・・・ 700㎖

A | 酒 ・・・・・・・・・・・ 大さじ2
 | 酢 ・・・・・・・・・・・ 大さじ2
 | みりん ・・・・・・・・・ 大さじ1
 | 豆板醤 ・・・・・・・・・ 大さじ1
 | 塩 ・・・・・・・・・・・ 小さじ1
ラー油 ・・・・・・・・・・・・・ 適宜

[作り方]

(1) 干ししいたけは冷たい水（700㎖）に1時間〜一晩つけて戻し、せん切りにする。

(2) 豚こま切れ肉は5㎜幅に切ってしょうゆを揉みこみ（しょうゆを肉に吸収させるように）、片栗粉をまぶしつける。にんじんはせん切りにする。

(3) 鍋に1の戻し汁、A、しいたけ、にんじんを入れてふたをし、中火にかける。沸いたら豚肉を2〜3回に分けて入れる。豚肉に火が通ったら、もやしを入れ、再び煮立ったらざっくりと全体を混ぜる。器に盛り、好みでラー油をかけて食べる。

※豆板醤は辛いのが苦手な方は、少し控えめに入れてください。
※しいたけの戻し汁がない場合は、鶏ガラスープや昆布だしで。

もずくのスープ

髪菜羹（ファーツァイグン）

身体が整う、さっぱりしたスマートスープ。

[材料（2人分）]

もずく	100g
トマト	1個
鶏ささ身	2本（160g）
片栗粉	大さじ1
白こしょう	小さじ1/2

A
水	500㎖
塩	小さじ1
酒	大さじ2
しょうがのすりおろし	2片分（30g）

パクチー、しょうがのすりおろし
.... 各適宜

[作り方]

① もずくは洗って水気をきり、食べやすい長さに切る。トマトはヘタを取り、2cm角に切る。

② 鶏ささ身は斜め薄切りにし、片栗粉をまぶす。

③ 鍋に A とトマトを入れて中火にかける。沸いたら 2 を加え、表面が白くなったら、もずくを加える。ふたをしてひと煮立ちさせる。白こしょうを振って器に盛り、好みでパクチーとしょうがのすりおろしを添える。

台湾メモ

もずく＝「髪菜」の発音が裕福になる、財産を作る＝「發財」の発音に近いことから、台湾では縁起のよい食材のひとつとされています。

台湾の家庭でもおなじみ、
シンプルなのに奥深い味わい。

[材料 (2人分)]

干ししいたけ‥‥小5枚 (15g)
(生しいたけでも可。その場合
は水の代わりに**A**の鶏ガラ
スープを700㎖にする)
水‥‥‥‥‥‥‥‥‥‥‥300㎖
春雨 (乾燥)‥‥‥‥‥‥40g
(長い場合は、5㎝長さに切る)
鶏もも肉 (から揚げ用)‥250g

A │ 鶏ガラスープ‥‥‥400㎖
│ (P.58参照。市販の鶏ガラ
│ スープでもよい)
│ 酒‥‥‥‥‥‥‥‥大さじ3
│ 塩‥‥‥‥‥‥‥‥小さじ1
白こしょう、パクチーまたは
三つ葉‥‥‥‥‥‥‥各適宜

[作り方]

① 干ししいたけは冷たい水 (300㎖) に1時間〜一晩つけ
て戻し、石づきを取る。

② 鶏もも肉は2㎝角に切り、フォークで数カ所穴を開
ける。

③ 鍋に**1**のしいたけと戻し汁、**2**、**A**を入れて中火にかけ
る。沸いたらふたをして20分煮る。春雨を加えて、再
び沸いたら、火を弱めて2分ほど煮る。

④ パクチーは茎を小口切りにする。**3**を器に盛り、好みで
パクチーの茎を散らして白こしょうを振る。

日本で春の雨に見立てて名づけられたという春雨は、台湾では
「冬粉」といいます。私は小吃 (軽食) の店で出合う、かなりアルデン
テな「乾冬粉」(汁なしのたれがかかったような春雨) が好きで、スー
プの春雨も硬めに仕上げます。春雨はスープをどんどん吸うので、で
き上がったら早めに食べてください。

うまみの相乗効果で
おかわりしたくなる、ごちそうスープ。

材料（作りやすい分量／2〜3人分）

アサリ ・・・・・・・・・・ 200g
鶏ぶつ切り肉 ・・・・・・ 400g
にら ・・・・・・・・・・・・ 5本

A｜塩 ・・・・・・・・・・ 小さじ1
　｜酒 ・・・・・・・・・・ 大さじ2
　｜水 ・・・・・・・・・・ 700mℓ

白こしょう ・・・・・・・・・ 適宜

作り方

(1) アサリは、浅めのバットに入れ、半身浴程度の水を入れて塩小さじ2（ともに分量外）を加え、塩抜きする 写真A 。上からホイルをかけるなどしてバット内を暗い状態にして冷蔵庫で3時間ほどおく（一晩つけておいてもよい）。殻をこすり合わせるようにしてよく洗う。

(2) 鶏ぶつ切り肉はよく洗う（臭みが緩和される）。にらは2cm長さに切る。

(3) 鍋にAと鶏肉を入れて強火にかける。ふつふつと沸いてきたら火を弱め、アクを取る 写真B 。ふたをして10分煮る。

(4) **3**に**1**を加え、ふたをして5〜6分火を通す。アサリの口が開いたら、にらを加える。器に盛り、好みで白こしょうを振る。

 台湾メモ

料理名の蛤蜊はハマグリのこと。台湾の市場に行くと、立派なハマグリがずらっと並び、専門の店もあります。日本では減少傾向のハマグリ、アサリで代用しました。細めのうどんやそうめんを入れて食べるのもおすすめです。

アサリと鶏肉のスープ

蛤蜊鶏湯
グーリージータン

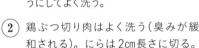

ほのかなエビの香りと
柔らかなキャベツ。
春をいただきます。

キャベツと桜エビのスープ

櫻花蝦高麗菜湯

インファシャーガオリーツァイタン

〔 材料（2人分） 〕

キャベツ ------------------ 1/4個（200g）
桜エビ（乾物） ------------------ 15g
ハム ------------------ 2枚
水 ------------------ 500㎖
酒 ------------------ 大さじ2
塩 ------------------ 小さじ1/2
白こしょう ------------------ 適宜

〔 作り方 〕

① キャベツは2〜3㎝四方のざく切り
にする。硬い芯の部分は少し細かく
切る。ハムは1.5㎝四方に切る。

② 鍋に **1** と桜エビを入れて水、酒、塩
を加え、ふたをして中強火にかける。
沸いてきたら中火にし、20分煮る。
器に盛って好みで白こしょうを振る。

桜エビは、世界中で静岡と台湾でしか獲れな
いそうです。静岡は由比が浜が有名ですが、台
湾なら、東港。台湾の最南端に近い、マグロ
で名高い漁港で、真っ青な海が印象的。人が
やさしい街でした。最近漁獲高が減っている貴
重な桜エビを、大切にいただきましょう。

46

カキと豆腐のスープ

鮮蚵豆腐湯
シェンクードウフタン

上品で澄んだ味わい。
カキの魅力をたっぷりと。

[材料（2人分）]

カキ ------------------------- 8個（100g）
豆腐 ------------------------- 1/2丁（150g）
春菊 ------------------------- 1/3わ（60g）
水 -------------------------- 500mℓ
カツオ節 ---------------------- 30g
（うち10gはトッピング用）
酒 -------------------------- 大さじ3
みりん ------------------------ 大さじ3
塩 -------------------------- 小さじ1
白こしょう -------------------- 小さじ1/2

[作り方]

① 鍋に水を入れて中火にかけ、沸いたら、カツオ節（20g）を加えて火を止め、3分おいてざるで濾す。

② カキは片栗粉と塩（各小さじ2。ともに分量外）をまぶして洗い、汚れを取る。水で洗って水気を拭き取る。

③ 豆腐は1cm角に切る。春菊は茎は小口切りに、葉は3cm長さに切る。

④ 1を中火にかけ、酒、みりん、塩と2、豆腐を加える。沸いたら春菊を加えて再び沸いたら火を止め、白こしょうを振る。器に盛り、残りのカツオ節をのせる。

身近な材料で、
ほっこりやさしい、癒やされる味。

アサリとエビ、野菜のスープ

蛤蜊鮮蝦蔬菜羹

グーリーシェンシャーシューツァイグン

[材料 (2人分)]

アサリ (むき身)	100g
むきエビ	100g
片栗粉	小さじ2
じゃがいも	1個 (100g)
にんじん	1/2本 (80g)
青ねぎ	3本
鶏ガラスープ	500㎖
(P.58参照。市販の鶏ガラスープでもよい)	
塩	小さじ1
しょうゆ	小さじ1/2

[作り方]

① じゃがいもとにんじんは皮をむき、1cm角に切る。青ねぎは1cm幅に切る。

② むきエビは片栗粉大さじ1と塩小さじ1 (ともに分量外) をまぶして揉み洗いして汚れを取り、水でよく洗って水気をきる。2cm長さに切る。

③ 鍋に鶏ガラスープと塩を入れ、じゃがいもとにんじんを加えてふたをし、中火にかけて柔らかくなるまで煮る。

④ アサリとエビに片栗粉をまんべんなく薄くまぶし、2回に分けて 3 に加える。再び沸いてきたら、青ねぎを加え、味を見てしょうゆで調えて器に盛る。

海のうまみを寄りそわせて、
ちょっと豪華に。

冬瓜とホタテのスープ

干貝冬瓜湯

ガンベイドングアタン

〚 材料（2人分）〛

冬瓜		1/8個（300ｇ）
ホタテ（生）		8個
A	干しエビ	10ｇ
	水	500㎖
	酒	大さじ2
	みりん	大さじ2
	塩	小さじ1

水溶き片栗粉
片栗粉小さじ2、水小さじ2を混ぜ合わせたもの
パクチー、白こしょう　各適宜

〚 作り方 〛

(1) ホタテは、湯（分量外。ホットコーヒーくらいの温度。70℃）にくぐらせ、さっと洗う。

(2) 冬瓜は、皮をむいて、5㎜厚さ、3㎝幅に切る。

(3) 鍋に **A** と冬瓜を入れて、中火にかける。沸いたらふたをして弱火で10分煮る。

(4) **3** に **1** を加え、再び沸いたら、水溶き片栗粉を2回に分けて加え、ゆるいとろみをつける。器に盛って好みでパクチーを添え、白こしょうを振る。

スープの中を泳ぐ、
やさしく柔らかなワンタン。

[材料(作りやすい分量／4～5人分)]

むきエビ ・・・・・・・・・・・・ 200g
豚ひき肉 ・・・・・・・・・・・・ 100g
塩 ・・・・・・・・・・・・・・・・ 小さじ1
A 片栗粉 ・・・・・・・・・ 小さじ2
　 卵 ・・・・・・・・・・・・・・・ 1個
　 ごま油 ・・・・・・・・・・ 小さじ2
　 しょうがのすりおろし
　 ・・・・・・・・・・・・・ 1片分(15g)

ワンタンの皮 ・・・・・・・・・ 25枚
鶏ガラスープ ・・・・・・・ 1,200mℓ
(P.58参照。市販の鶏ガラスープでもよい)
塩 ・・・・・・・・・・・・・・・・ 小さじ1
白こしょう ・・・・・・・・ 小さじ1/2

[作り方]

① むきエビは、片栗粉大さじ1と塩小さじ1(ともに分量外)をまぶして洗い、汚れを取る 写真A 。水で洗い、水気をきる。

② 1を1cmくらいの大きさに、叩くように切る。

③ ボウルに豚ひき肉と塩(小さじ1)を入れて粘りが出るまで練る。2とAを加えてさらに練る。

④ ワンタンの皮に 3 を包む。中央に小さじ2くらいの 3 をのせて三角に折り 写真B 、縁に水をつけて留める。同様にして25個作る。

⑤ 湯を沸かし、4を8割方火が通るまで下ゆでする。

⑥ 鶏ガラスープと塩(小さじ1)を鍋に入れて中火にかけ、5を加える。沸いてきたら火を止め、白こしょうを振って器に盛る。

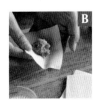

※ワンタンは4の状態で冷凍でき、2週間保存が可能です。

これで満腹。
肉を感じるジューシーワンタン。

ワンタンスープ

ジューロウフンドゥンタン

猪肉餛飩湯

[材料（作りやすい分量／3〜4人分）]

豚バラ切り落とし肉	150g
豚ひき肉	150g
塩	小さじ1

A
片栗粉 ………… 大さじ1
ごま油 ………… 大さじ1
しょうがのすりおろし
………… 1片分（15g）
酒 ………… 大さじ1

ぎょうざの皮（大判）………… 15枚
鶏ガラスープ ………… 1,000㎖
（P.58参照。市販の鶏ガラスープでもよい）
塩 ………… 小さじ1
パクチー ………… 適宜

[作り方]

① 豚バラ肉は、1cmほどに細かく切る。ボウルに入れ、豚ひき肉を合わせる。塩（小さじ1）を入れて粘りが出るまで練る。**A**を加えてさらに練る。

② ぎょうざの皮に **1** を包む。中央にたねを大さじ1強入れ、皮の縁に水をつけて包み、両方の端を手をつなぐようにして留める 写真A-1〜3 。同様にして15個作る。

③ 湯を沸かし、**2** を8割方火が通るまで下ゆでする。

④ 鶏ガラスープと塩（小さじ1）を鍋に入れて中火にかけ、**3** を入れて沸いてきたら火を止める。器に盛り、パクチーを添える。

A-1

A-2

A-3

台湾メモ

台北でよく見かける「温州餛飩」で食べたのが、具がたっぷりで皮も厚めの大きなワンタン。本場北京のひらひら軽やかなワンタンと違ってびっくり。以来、厚めのぎょうざの皮で、温州餛飩風のボリュームたっぷりのワンタンを作るようになりました。

鶏ガラと昆布、ねぎ、しょうがのスープ

雞湯
ジータン

意外とかんたん＆抜群においしくなる
スープストックも作ってみましょう！

スープのとり方

ベースになるスープ＝スープストックは案外
かんたんです。ここでは、作りやすい３種
をご紹介します。自分で作れば、おいしさ
も愛しさも５割増し。冷凍保存も可能です。

台 湾のスープストックでよ
く使われるのは、鶏ガラ
や丸鶏、スペアリブ、牛骨な
ど。干し大根、干し貝柱、干し
エビなどの乾物も、上手に使
われています。沖縄（琉球）と
の交流や50年の日本統治時代
があったことから、昆布やカ
ツオのだしに出合うこともよ
くあります。
うまみはかけ合わせ＝いく

つかのうまみ成分が重なるこ
とでよりおいしくなります。
台湾スープのおいしさは、こ
のかけ合わせの上手さにあり
ます。そこを意識して、日本
で手軽に作りやすいスープス
トックをご紹介します。市販
の鶏ガラスープも充実してい
るので、忙しいときはそれで
十分。少し時間があるときに、
作ってみてください。

① 鍋に湯(分量外)を沸かし、鶏ガラを入れてさっと下ゆでする。汚れや臭みが取れる。

鶏ガラからはあっさりした味わいの澄んだスープがとれ、この本のほぼすべてのスープでベースとして使えます。市販の鶏ガラスープよりやさしい味です。
だし昆布はぐらぐらと沸いている状態が苦手なので、3で火を弱めてから入れるとうまみがよく出ます。
塩小さじ1を加えれば、冷蔵で3日、冷凍で2週間保存できます。
顆粒の鶏ガラスープの素を湯に溶いて代用する場合は、表示より少なめの量で作ってください。800mℓに小さじ1くらいが目安です(商品によって異なるので味見して)。

② 長ねぎは青い部分まで、5cm幅に切る。しょうがは叩いて割る。

③ 鍋に1と2、水、酒を入れて強火にかける。沸いたらアクを取り、ふたをして中弱火にし、だし昆布を入れて、40分ほど煮る。

④ アクを取り、あら熱が取れたら、ざるにキッチンペーパーをかけて濾す。

材料(鶏ガラ1羽分)

鶏ガラ ------------ 1羽分
だし昆布 ----------- 30g
長ねぎ ------------- 1本
しょうが ----- 1/2個(40g)
水 ------------- 1,500mℓ
酒 --------------- 50mℓ

手羽中と昆布のスープ

昆布雞湯

クンブージータン

骨付きの肉からはしっかりしたうまみが引き出せます。中でも手軽でよく使うのが手羽中。おどろくほどかんたんなのに、鶏ガラよりコクのあるスープになります。こちらも、この本のほとんどのスープのベースに使えます。

塩小さじ1/2を加えれば、冷蔵で3日、冷凍で2週間保存できます。手羽中はそのままスープの具にするのはもちろん、しょうがと一緒に甘辛く煮る（レシピはP. 61下段参照）など、別のおかずにしてもおいしくいただけます。

材料（作りやすい分量）

手羽中	8本（150g）
だし昆布	20g
しょうが	2片（30g）
水	800ml
酒	大さじ3

作り方

① 手羽中はよく洗う。しょうがは2〜3個に割る。鍋に入れて、水と酒を加えて強火にかける。沸いたらアクを取る。

② 火を弱めてだし昆布を加え、ふたをして20分ほど煮る。あら熱が取れたら、ざるにキッチンペーパーをかけて濾す。

ペットボトルで作る、お手軽だしです。この本の中で、レシピの材料に水とあるものは、すべてこちらに置きかえると、ぐっとうまみが増します。

もともと、災害時に栄養ドリンクにもなるので、と考えたレシピ。乾物の知恵を生かしただしで、思い立ったときに作っておくと、いろいろな場面で重宝します。干しエビや桜エビ（乾物）を加えると一気に台湾風になり、それもおいしいです。冷凍には向きません。冷蔵保存で、48時間くらいで使い切ってください。

昆布としいたけのだし

昆布香菇高湯
クンブーシャングーガオタン

材料（ペットボトル1本分）

だし昆布 ------------ 20g
干ししいたけ ---------- 2枚
水 ---------------- 500㎖
（ペットボトル入りのもの）

作り方

① だし昆布はペットボトルの口から入れられるように、細長く切る。干ししいたけも同様に、小さく割る。

② ペットボトルから水を大さじ1くらい出し、1を入れる。そのまま3時間〜一晩おく。

【 だしをとった後の手羽中で作る！ 】

手羽中の甘辛煮

だしをとって残った手羽中8本としょうが（食べやすく刻む）を鍋に入れ、しょうゆ大さじ1、みりん大さじ2、酢大さじ1を加えて中火にかけ、ふつふつと沸いてきたら、煮からめ、煮汁が半分ほどになったら火を止める。

干し大根と生大根、
ダブルの食感を楽しんで。

素食とは菜食のこと。乳製品や強い香りの薬味も使いません。身体にやさしいスープです。

W大根のスープ

菜脯蘿蔔湯
ツァイプールゥオボータン

[材料（作りやすい分量／2〜3人分）]

大根 ・・・・・・・・ 1/4本（200g）
切り干し大根 ・・・・・・・・ 20g
水 ・・・・・・・・ 500㎖
たくあん ・・・・・・・・ 4切れ
酒 ・・・・・・・・ 大さじ2

塩 ・・・・・・・・ 小さじ1
あれば金針菜（乾物） ・・・・・ 5g
（洗って、たっぷりの水に3時間つけて戻す）

[作り方]

① 大根は皮をむいて、太めのせん切りにする。たくあんもせん切りにする。切り干し大根は洗ってから、水（500㎖）に20分つけて戻し、3㎝長さに切る。

② 鍋に戻し汁を含めた 1 をすべて入れ、酒と塩を加えて中火にかける。沸いたらふたをして少し火を弱め、20分煮る。

③ あれば戻した金針菜を加え、再び煮立ったら器に盛る。

台湾メモ

金針菜は、萱草というユリ科の植物の花のつぼみです。淡いグリーンのつぼみは生でよく料理に使われます。ここで使っているのはオレンジ色の花を蒸して乾燥させた乾物。ほの甘く、しゃきっとした食感が魅力です。

台湾の干し大根「菜脯」は日本の切り干し大根とは違って、小ぶりの大根を丸ごと塩漬けにしたもの。塩気とうまみがあり、たくあんに近いかもしれません。20年、30年漬けた貴重なものもあります。

信仰のため、菜食主義者も多い台湾。素食では、肉、魚介、乳製品に加えて、五葷といわれる刺激の強い、ねぎ、にら、にんにく、らっきょう、玉ねぎも使いません。でも、満腹な上に満足も感じる工夫がたくさんあって、おいしい。素食自助餐（ベジビュッフェ）からレストランまで、素食専門のお店もたくさんあります。

揚げエリンギのスープ

麻油杏鮑菇湯
マーヨウシンバオグータン

アワビに見立てた揚げエリンギのコクとうまみを。

[材料(2人分)]

エリンギ	2本(200g)
小麦粉	小さじ2
えのきだけ	1袋(100g)

A		
	水	500㎖
	酒	大さじ3
	酢	大さじ1
	塩	小さじ1
揚げ油		適量

[作り方]

(1) エリンギは1cm幅の輪切りにし、小麦粉を薄くはたく。えの
きだけは、石づきを取る。

(2) フライパンに深さ1.5cmほど揚げ油を入れて火にかけ、
170℃くらいになったら、エリンギを入れて揚げ焼きにする。
えのきだけも同様に揚げ焼きにする。

(3) 鍋にAを入れて中火にかける。沸いたら2を加え、再び沸
いたら火を止め、器に盛る。

スナップえんどうをむくなんて！ 美しき緑のスープ

甜豆のスープ

甜豆湯
ティエンドウタン

[材料（2人分）]

スナップえんどう ------- 12本	塩 --------------- 小さじ1
しょうが ---------- 2片（30g）	みりん ------------ 大さじ1
A だし昆布 ---------- 20g	水溶き片栗粉
水 ----------- 500㎖	片栗粉小さじ2、水小さじ2を混ぜ
酒 ----------- 大さじ2	合わせたもの

[作り方]

① スナップえんどうはさやと豆に分ける 写真A 。鍋にさやと **A** を入れて中火にかけ、ふつふつと沸いたら火を弱めてふたをして、15分ほど煮て風味を煮汁に移す。揚げ網などでさやを取り出す。

② しょうがはせん切りにする。**1** に豆としょうが、塩、みりんを加え、沸いたら、水溶き片栗粉をゆっくりと加えてとろみをつける。

たけのこのスープ

竹筍湯
ジュースンタン

しゃきしゃきをとろみでやさしく包んで。

[材料（2人分）]

たけのこ ・・・・・・・・・・・・・ 100g
（ゆでたもの。市販の水煮でよい）
干ししいたけ ・・・・・ 大2枚（15g）
水 ・・・・・・・・・・・・・・・・・ 500㎖
A　酒 ・・・・・・・・・・・・・ 大さじ2
　　しょうゆ ・・・・・・・・ 小さじ2
　　塩 ・・・・・・・・・・・ 小さじ1/2

酢 ・・・・・・・・・・・・・・・ 小さじ2
水溶き片栗粉 ・・・・・・・・・・・・・
片栗粉小さじ2、水小さじ2を混
ぜ合わせたもの
あればクコの実 ・・・・・・・ 10粒
（戻し方はP.26参照）

[作り方]

① 干ししいたけは水（500㎖）に1時間ほどつけて戻す（前の晩
　 につけておいてもよい）。柔らかくなったら、軸を取って薄
　 切りにする。

② たけのこは食べやすい大きさの薄切りにする。

③ 鍋に戻し汁ごと1を入れ、Aと2を加えて中火にかける。
　 沸いたら火を弱め、5分ほど煮て水溶き片栗粉を加え、ゆる
　 いとろみをつける。あればクコの実を加え、器に盛る。

厚揚げと春雨、大豆のスープ

油豆腐黄豆粉絲湯
ヨウドウフファンドウフェンスータン

ベジだけど、具だくさんで大満足の食べ応え。

材料(2人分)

厚揚げ	1/2枚(100g)
春雨	40g
しょうがのすりおろし	1片分(15g)
キクラゲ(乾物)	5g
空芯菜	50g
(好きな青菜でよい)	

A		
	ゆで大豆	100g
	水	500㎖
	酒	大さじ2
	みりん	小さじ2
	しょうゆ	小さじ2

作り方

1. 厚揚げは熱湯をかけて油抜きをし、1.5㎝角に切る。キクラゲはたっぷりの水(分量外)につけて戻し、1.5㎝四方に切る。

2. 鍋に1とAを入れて中火にかけ、沸いたらふたをして5〜6分煮る。

3. 春雨、空芯菜はそれぞれ3㎝長さに切り、2に加える。

4. 2が再び沸いて空芯菜が鮮やかなグリーンになったら、全体をざっくりと混ぜ、火を止めて器に盛る。

台湾でも人気のカレー、
八角とカツオ節が香る日台合作。

台湾にこのスープはないけれど、台湾のスープにヒントを得た日本と台湾合作メニュー。

カレースープ

咖哩湯
ガーリータン

[材料(作りやすい分量／3〜4人分)]

豚バラ肉(角煮用)	300g
玉ねぎ	1個
にんにく	1片
A 水	600㎖
酒	大さじ1
塩	小さじ1/2
八角	1片

(8枚の花びらのようになっているものの1片)

カレー粉	大さじ2
しょうゆ	小さじ2
カツオ節	10g

[作り方]

① 豚バラ肉は1cm厚さに切る。玉ねぎは縦半分に切り、繊維を断つように薄い半月切りにする。にんにくは包丁の腹で軽く潰す。

② 鍋に**1**と**A**を入れて強火にかけ、沸いたらアクを取って中火にする。ふたをして20分煮る。

③ カレー粉を加え、ざっくりと混ぜてよく溶き、味を見て、しょうゆを加える。再び煮立ったら器に盛り、カツオ節をのせる。

梅の酸味と
かぼちゃの甘みが絶妙なバランス。

かぼちゃと梅のスープ

南瓜梅子湯

ナングアメイズタン

[材料(2人分)]

かぼちゃ ------------------------------- 300g
梅干し ---------------------------------- 2個
(塩分10％ほどのもの)
しょうが -------------------------- 2片 (30g)
水 -- 500㎖
酒 ------------------------------------- 大さじ2
しょうゆ ------------------------------ 小さじ1
パクチー ---------------------------------- 適宜

[作り方]

① かぼちゃは、3㎝角の食べやすい大きさに切る。皮を半分ほどむく(食感がよく、煮崩れない)。しょうがは薄切りにする。梅干しは手で3〜4切れにちぎる。

② 鍋に水と酒、1を入れ、ふたをして中火にかけ、かぼちゃが完全に柔らかくなるまで20分ほど煮る。

③ 仕上げにしょうゆを加え、再び沸いたら器に盛り、好みでパクチーを添える。

漬けものの塩気を上手に使う
客家（ハッカ）のレシピをヒントに。

高菜と豆腐のスープ

芥菜豆腐湯
ジェツァイドウフタン

［ 材料（2人分） ］

高菜漬け - 50g
豆腐 - - - - - - - - - - - - - - - - - 1/3丁（100g）
豚バラ肉（しゃぶしゃぶ用）- - - - - - - - - 100g
片栗粉 - - - - - - - - - - - - - - - - - - - 小さじ2
水 - 500mℓ
酒 - 大さじ2
塩 - 小さじ1/2

［ 作り方 ］

① 豆腐は1cm角に切る。高菜漬けは粗
　いみじん切りにする。

② 豚バラ肉は3cm幅に切り、片栗粉を
　薄くまぶす。

③ 鍋に、水、酒、塩と1を入れて中火に
　かけ、沸いたら2を数回に分けて加
　える。全体をざっくりと混ぜ、豚肉に
　完全に火が通ったら器に盛る。

※好みでラー油をかけてもおいしいです。

くたくた白菜のうまみ
たっぷり。手軽にツナ缶で。

白菜とツナのスープ

鮪魚罐頭白菜湯
ウェイユーグァントウバイツァイタン

[材料（作りやすい分量／2～3人分）]

白菜	1/4個（300g）
ツナ缶詰	大1缶（140g）
しょうが	2片（30g）
A 水	600㎖
塩	小さじ1
酒	大さじ2
みりん	大さじ1

[作り方]

① 白菜は3cm四方の食べやすい大きさ
に切る。しょうがは薄切りにする。
ツナ缶は汁気をざっときる。

② 鍋にAを入れ、白菜としょうがを加
えてふたをし、中火にかけて30分
コトコトと煮る。

③ 2にツナを加えてざっくりと混ぜ、
ふたをせずに5～6分煮てツナの臭
みを飛ばし、器に盛る。

ぶっ飛ぶ！ほどおいしいスープ

うまみ×うまみで作り出す

ス ープの決め手のひとつ「うまみ」。人が感じる5味のひとつで「UMAMI」として世界共通語になっています。というのも、3大うみ成分（グルタミン酸、イノシン酸、グアニル酸）は、いずれも日本人が発見したもの。

グルタミン酸含有量ナンバー1のだし昆布、イノシン酸代表のカツオ節、グアニル酸の宝庫干ししいたけは私たちにはおなじみの〝だしの素〟

台北の昼飲み天国(?)「慈聖宮（ツーシェンゴン）」の境内でいただいた美味な鍋。

鍋のベース。各自たれを用意し、これに肉や野菜を入れる。

です。2種以上をかけ合わせると、うまみを7〜8倍強く感じるといわれていて、昆布もの、つみれ、臓物、とこれでもかとうまみをかけ合わせるのです。具が淡白でも、味噌汁も吸いものもうまい。日本はうまみ上手な国です。

でも台湾へ通ううちに、台湾人のうまみへの情熱も相当だ、と気がつきました。乾物の昆布、貝柱やエビに、骨付きの鶏肉や豚肉を重ねる。そこに野菜の中でもうまみ成

そこに野菜の中でもうまみ成分の多い白菜やトマト、大根やとうもろこしに、貝類、練りもの代表のカツオ節の〝一番だし〟はそ

たとえば『佛跳牆（フォーティャオチャン）』。菜食の僧侶も修行を捨て、飛んでくるといわれるスープで、台湾では大みそかのごちそうです。鶏をじっくり煮込み、数日かけて戻したフカヒレ、アワビ、ホタテ、冬虫夏草、たけのこ、松茸などの乾物、鶏の睾丸、豚足、豚の胃袋などを加え、少なくとも5時間以上も煮るのだそう。

思えば、鍋料理のベースもうまみたっぷり。鶏や豚のスープに、あらかじめ肉団子や野菜が入っています。台湾料理が持つ、この貪欲なまでのうまみの追求。い

い意味の〝ごった煮感〟が、同じくうまみ好きな私たちを惹きつけて離さないのかもしれません。

台湾に行ったら訪れたい！

明福台菜海鮮の名物。佛跳牆は壺で供される。

佛跳牆がスペシャリテの名店。早めの予約を。佛跳牆は5日前に要予約。

明福台菜海鮮（ミンフータイツァイハイシェン）
㊟：台北市中山北路二段137巷18號-1

4章

じっくり作る週末スープ

週末にじっくり作るスープといっても、難しくはありません。
時間をかけて煮込むスープや
丸鶏のようなちょっと特別な食材を使う、
おもてなし感のあるスープです。
多めに作ってストックし、
ウィークデーにアレンジを楽しむのもおすすめ。
今度の週末は、大切な友人や家族とごちそうスープで
至福のひとときを過ごすのはいかがですか？

牛肉のさまざまな部位のおいしさを
ぎゅっと閉じこめて、濃厚な味わいに。

食堂でも家庭でも人気の牛肉スープ。基本の澄んだスープとアレンジ2品をご紹介します。

牛肉のスープ

清燉牛肉湯
チンドゥンニョウロウタン

[材料（作りやすい分量／4〜5人分）]

A
| 牛すね肉 ------- 500g
| 牛すじ肉 ------- 150g
| ホルモン ------- 120g
| 丸腸 ---------- 120g

白菜の白いところ
（またはキャベツの芯）-- 500g
青ねぎの白いところ
（下10cmほど）------- 10本分
しょうが -------- 1個（80g）

水 ---------- 1,000ml
酒 ----------- 200ml
塩 ---------- 小さじ2
だし昆布 -------- 30g
八角 ----------- 2片
（好みで量は加減する）
あれば五香粉 ----- 小さじ1/3
白こしょう ----- 小さじ1/2
ラー油、高菜漬け、
しょうがのすりおろし --- 各適宜

[作り方]

① 牛すね肉は、少し大きめの食べやすい大きさに切る（3cm角ほど）。牛すじ肉は2〜3cm角に切る。

② 鍋にたっぷりの湯を沸かし、**A** を入れて下ゆでする。表面が白くなったらざるにあげて水気をきる 写真A 。

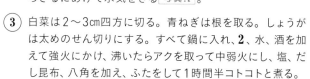

③ 白菜は2〜3cm四方に切る。青ねぎは根を取る。しょうがは太めのせん切りにする。すべて鍋に入れ、**2**、水、酒を加えて強火にかけ、沸いたらアクを取って中弱火にし、塩、だし昆布、八角を加え、ふたをして1時間半コトコトと煮る。

④ 味を見て、五香粉、白こしょうを振る。塩味が足りなければ食べるときに塩で調節する。器に盛って好みでラー油、高菜漬け、しょうがのすりおろしなどをトッピングする。

※台湾の食堂では、辛いたれや梅菜などがトッピング用においてあります。ここでは、身近なもので、ラー油と高菜漬け、しょうがのすりおろしを添えました。

※冷凍保存（3週間）も可能です。冷めたら保存用ポリ袋（冷凍用）に具も一緒に入れて冷凍庫へ。

ほんのり甘い
台湾のしょうゆ風に。

[材料（2人分）]

P.78の牛肉のスープ ・・・・・・・・・・・ 400㎖
セロリ ・・・・・・・・・・・・・・・・・・・・・・・・・・ 1本
しょうゆ ・・・・・・・・・・・・・・・・・・・・・ 小さじ2
みりん ・・・・・・・・・・・・・・・・・・・・・・・ 小さじ2

[作り方]

① セロリは2cm幅の斜め切りにする。
　 葉もざく切りにして使う。

② 牛肉のスープを鍋に入れ、1としょ
　 うゆ、みりんを加えて中火で15分
　 ほど煮込む。

牛
肉
の
し
ょ
う
ゆ
味
ス
ー
プ

トマトのうまみと酸味で
おかわりしたくなる味に。

[材料（2人分）]

P.78の牛肉のスープ ・・・・・・・・・・・ 400㎖
トマト ・・・・・・・・・・・・・・・・・・・・・・・・・・ 2個
塩 ・・・・・・・・・・・・・・・・・・・・・・・・・・ 小さじ1/2
しょうゆ ・・・・・・・・・・・・・・・・・・・・・ 小さじ1
パクチー ・・・・・・・・・・・・・・・・・・・・・・・・ 2本

[作り方]

① トマトは薄い輪切りにする。塩を振って
　 5分おき、出てきた水気をしっかりきる。

② 鍋に牛肉のスープを入れ、しょうゆ
　 を加えて中火にかける。沸いたら1
　 を加え、20秒ほど加熱して火を止
　 める。器に盛り、パクチーを添える。

牛
肉
と
ト
マ
ト
の
ス
ー
プ

紅焼牛肉湯
ホンシャオニョウロウタン

番茄牛肉湯
ファンチエニョウロウタン

牛肉のスープに麺を加えたのが牛肉麺です。麺はうどんやきしめん、ちゃんぽんの麺などお好みで。春雨も意外に合います。台北には牛肉麺ストリートがあるほど人気ですが、実は四川料理由来だそう。だからなのか、テーブルに四川名物の漬けものと辛い辣油や醤がおいてあります。

また、台南には、新鮮な牛肉をしっかりした牛肉スープにしゃぶしゃぶのようにして加えて食べる、全く違ったタイプの牛肉湯もあります。

とうもろこしとスペアリブ、バジルのスープ

玉米排骨湯
ユーミーパイグータン

バイグー
排骨のうまみと、トウモロコシの甘み、疲れに効く元気が出るスープ。

〚 材料（4人分）〛

豚スペアリブ	8本（600g）

（6〜7cm長さのもの。大きい場合は切ってもらうとよい）

とうもろこし	1本

（缶詰（150g）でもよい）

バジル	4枝
水	800ml
酒	大さじ3
だし昆布	15g
塩	小さじ1
しょうゆ	小さじ1
白こしょう	小さじ1/2

〚 作り方 〛

① 鍋に湯（分量外）を沸かし、豚スペアリブをさっと湯がいて水気をきる（臭みを取る）。

② とうもろこしは1cm幅に切る。バジルは3cm長さに切る（茎も使う）。

③ 鍋に **1** と水、酒を入れ、強火にかける。沸いたら火を弱め、アクを取ってだし昆布と塩を加え、ふたをして中火で30分煮る。とうもろこしを加え、さらに10分煮る。

④ バジルを加えてしょうゆで味を調え、再び煮立ったら、白こしょうを振って器に盛る。

パイナップルの甘さと酸味が
やさしくほのかに香る。

パイナップルとかぶのスープ

鳳梨苦瓜鶏湯

フォンリークーグアジータン

[材料(作りやすい分量／2〜3人分)]

パイナップル	1/4個 (200g)
かぶ	3個
鶏ぶつ切り肉	4切れ (300g)
水	600mℓ
酒	大さじ2
だし昆布	15g
塩	小さじ1
白こしょう	小さじ1/2
パクチー (茎)	適宜

[作り方]

① パイナップルは2cm角に切る。かぶ
　は皮をむいて2cm角に切る。

② 鍋に熱湯(分量外)を沸かし、鶏ぶつ
　切り肉を入れてさっと湯がき、水気を
　きる。

③ 鍋に、1、2、水、酒を入れて強火にか
　け、沸いたらアクを取り、昆布と塩を入
　れる。ふたをして、中弱火で30分煮る。

④ 味を見て、足りなければ塩(分量外)
　で調える。白こしょうを振って器に
　盛り、好みでパクチーを小口切りに
　してのせる。

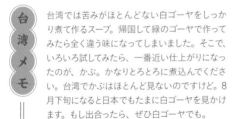

台湾では苦みがほとんどない白ゴーヤをしっか
り煮て作るスープ。帰国して緑のゴーヤで作って
みたら全く違う味になってしまいました。そこで、
いろいろ試してみたら、一番近い仕上がりになっ
たのが、かぶ。かなりとろとろに煮込んでくださ
い。台湾でかぶはほとんど見ないのですけど。8
月下旬になると日本でもたまに白ゴーヤを見かけ
ます。もし出合ったら、ぜひ白ゴーヤでも。

身体に効く、滋養いっぱい、
活力湧くスープ。

丸鶏とにんにくのスープ

蒜頭鶏湯

スアントウジータン

【 材料（作りやすい分量／4〜5人分）】

丸鶏（中抜き）・・・・・・・・・・1羽
塩・・・・・・・・・・・・・・・小さじ1/2
じゃがいも・・・・・・2個（200g）
にんにく・・・・・・・・・1個（50g）
プルーン（ドライ、種なし）
・・・・・・・・・・・・・・・7粒（70g）
えのきだけ・・・・大1袋（200g）

A 水・・・・・・・・・・・1,000㎖
　酒・・・・・・・・・・・・・100㎖
　みりん・・・・・・・・・・・100㎖
　塩・・・・・・・・・・・・小さじ1
しょうゆ・・・・・・・・・・小さじ2

【 作り方 】

① 丸鶏はおなかの中を洗い、水気を拭き取って、塩をおなかの中にすりこむ。

② じゃがいもは1.5㎝角に切る。にんにくは1片ずつ包丁の腹で潰す。

③ 1に、2とプルーンを詰める。おしりを上にしておき、押し込むように詰めていく 写真A 。

④ 詰め終わりを楊枝で留める（皮を合わせて楊枝を刺すだけでよい） 写真B 。

⑤ えのきだけの石づきを切り落とし、小房に分ける。

⑥ 鍋に3をおき、Aと5を入れて、クッキングシートをかぶせて落としぶた代わりにし、強火にかける。沸いたらアクを取り、火を弱めてふたをし、40分煮る 写真C 。スープの味を見て、しょうゆで味を調える。

美しくゆれる柳のような5色の野菜
上品な味を愉しんで。

〚 材料（4人分） 〛

ハム ------------------------------- 3枚
にんじん ----------------------- 1/2本（80g）
パプリカ（赤・黄）----- 各1/4個（計100g）
きゅうり ------------------------ 1本（80g）
たけのこの水煮 ------------------- 50g
青ねぎ --------------------------- 4本
スープ --------------------------- 500㎖
（P.58〜の3種のスープストックのどれでもよい）
塩 ------------------------------- 小さじ1
酢 ------------------------------- 小さじ2
ごま油 --------------------------- 小さじ2

〚 作り方 〛

① ハム、にんじん、パプリカ、きゅうり、たけのこはせん切りにする。青ねぎは斜めの薄切りにする 写真A 。

② 鍋にごま油をひき、中火にかけて、ハム、にんじん、たけのこを冷たいうちからじんわり炒める。全体がしんなりしたら、スープ、パプリカ、きゅうり、塩を加える。

③ 沸いたら、酢を加えてざっくりと混ぜ、再び沸いたら青ねぎを加える。ひと煮立ちさせて火を止め、器に盛る。

台湾には中国大陸の料理が全部ある!?
異なるルーツの味を楽しむ

台　湾はその複雑な歴史から、中国大陸中の料理が食べられるといわれています。17世紀ごろ、この島に福建省から多くの人々が渡ってきました〈福佬人（フーオーレン）と呼ばれる〉。また同じころ、広東省北部からは客家（ハッカ）も。当時は台南が中心都市だったため、今も台南に行くと福建や広東料理のエッセンスを強く感じます。

その後、1895年からの50年に及んだ日本統治時代にも、少なからず食への影響がありました。特に米。日本から来た農業技術者が台湾の気候に合ううるち米を生み出したことにより、今も台湾ではおいしいうるち米が作られています。

そして1945年、日本の敗戦により、中華民国となった台湾には、新たに中国大陸全土から人々がやってきます。続けて1949年には蒋介石の国民党政権が、まるごと台湾へ。2段階の中国大陸からの移住者は約100万人といわれます。

こうして台湾には、いつ、どんな理由で、どこから台湾へ来たのかが違い、言語も、文化も違う人々が一緒に暮らすようになります。食文化もさまざま。庶民の料理はもちろん、蒋介石が各省の一流の料理人を連れてきたので、最高の饗応料理も、気候や食材に合わせて独特の進化を遂げました。

福建や広東を代表するうまみたっぷりのスープ、百花繚乱の米料理や海鮮料理。発酵の知恵で保存に優れた客家の料理。

台湾には、水餃子や饅頭といった華北（中国大陸北部）で生まれた粉ものも豊富です。台北の朝の定番、油条（ヨウティオ）（揚げパン）に豆乳は大陸の北の味ですし、台湾といえば思い浮かべる人が多い小籠包は上海（浙江）がルーツ。名物牛肉麺（ニュウロウミェン）は四川料理です。

風土と歴史と料理は切り離せない、おいしい料理と一緒に知りたいな、と台湾に行くといつも感じています。

台湾に行ったら訪れたい！

丸鶏とえのき、
〆にうどんか
ごはんを選べる。

「砂鍋土鶏（シャーグオトゥージー）」という名物の地鶏のスープ一択で！四川ながら、台湾らしくやさしい味わいです。

驥園川菜餐廳（四川料理）
（ジーユエンチュアンツァイツァンティン）
住：台北市敦化南路一段324號

とろっとろの白菜、
うまみたっぷり。

「白菜獅子頭（バイツァイシーズートウ）」は大きな肉団子と白菜の煮込みですが、ここにたっぷりスープがはられています。シェフは全員女性。化学調味料なしのおふくろの味です。

秀蘭小館廳（上海・浙江料理）
（ショウランシャオグアンティン）
住：台北市信義路二段198巷5-5號

5章　一品で まんぷくスープ

この章では、食卓の主役として
一杯でおなかいっぱいになる
スープが決め手の麺や鍋を集めました。
台湾を代表する、ビーフンや麺線、意麺の麺類から、
日本とはちょっと味わいの違うおでん、
みんなでわいわいとつつく鍋など、
台湾気分をたっぷりと満喫できる料理ばかりです。

汁ビーフン

米粉湯 ミーフェンタン

上手にできたらお嫁に行ける！
台湾のソウルフード。

【 材料（2人分） 】

ビーフン ・・・・・・・・・・・・・ 100g
豚こま切れ肉 ・・・・・・・・ 100g
干しエビ ・・・・・・・・・・・・・・ 10g
キャベツ（外葉）
　・・・・・・・・・・・・・ 2〜3枚（150g）
もやし ・・・・・・・・・・・・・・ 100g

にら ・・・・・・・・・・・・・・・・ 5本
鶏ガラスープ ・・・・・・・ 700mℓ
（P.58参照。市販の鶏ガラスー
プでもよい）
ごま油 ・・・・・・・・・・・ 小さじ2
白こしょう ・・・・・・・・・・・・ 適宜

【 作り方 】

① 豚こま切れ肉は1cm幅に切る。キャベツは2cm四方にちぎ
　る。もやしは（心に余裕があれば）ひげ根を取る。にらは
　3cm長さに切る。干しエビは大さじ3の湯（分量外）に浸す。

② 鍋にごま油をひき、中火で1の豚肉、野菜を順に炒め、干
　しエビを汁ごと加える。

③ ビーフンは水でさっと洗い、食べやすい長さに切る。

④ 2に鶏ガラスープを注いで中火にかけ、3を入れる。沸い
　たら火を止め、器に盛って好みで白こしょうを振る。

　※ビーフンはすぐにスープを吸うので、できたてをいただきましょう。

台湾が生産量世界一の米粉＝ビー
フン。台北から40分ほどの新竹が
最大産地です。風が強い土地柄が、
折ったまま乾かすビーフンにぴった
りなのかも。米粉100％のものは
少数派でしたが、自然志向の高ま
りで増加中。純米と表示されてい
ます（写真）。食感もすっきりさらっ
と。きっととりこになります。

カツオ節の香りに
カキのうまみがぐっとくる夜市の味。

[材料(2人分)]

線麺 ············1束(200g)　　カツオ節 ············30g
(そうめん3束でもよい)　　　酒 ············大さじ2
カキ(小さめ) ····8個(100g)　　しょうゆ ············大さじ1
片栗粉 ············小さじ2　　　もやし ············50g
ホルモン ············100g　　　パクチー ············4本
熱湯 ············500㎖　　　　白こしょう ············小さじ1/2

[作り方]

(1) ボウルにカツオ節を入れて熱湯(500㎖)を注ぐ。15分おき、ざるにキッチンペーパーをかけて濾す。

(2) カキは片栗粉と塩(各小さじ2。ともに分量外)をまぶして洗い、汚れを取る。水で洗って水気を拭き取る。ホルモンは熱湯に入れてさっと湯がき、水気をきる。

(3) 鍋に1を入れ、ホルモンと酒、しょうゆを入れて中火にかける。沸いたらアクを取り、火を弱めてふたをし、10分煮る。

(4) 線麺を表示通りにゆで、器に盛る。

(5) カキに片栗粉をまぶす。3に加えて再び沸いて、カキに火が通ったら、もやし、パクチー、白こしょうも加え、ひと煮立ちしたら、4に注ぐ。

台湾メモ

麺線(ミェンシェン)は台湾で人気の麺のひとつ。母親の長寿を祝って作らせたという中国の神話から、縁起物とされています。日本の冷や麦くらいの細さながら、のびにくいので鍋の〆などにも重宝します。

これを食べずに帰るなかれ
行列ができる台南名物。

タンツー麺

担仔麺
ダンザイミェン

〚 材料（4人分）〛

中華麺（生）------------------ 4玉（400g）
豚ひき肉 --------------------- 150g
にら ------------------------- 5本
にんにく --------------------- 1片
A｜しょうゆ ---------------- 大さじ2
　　｜みりん ------------------ 大さじ2
　　｜豆板醤 ------------------ 小さじ1
　　｜片栗粉 ------------------ 大さじ1
もやし ----------------------- 100g
エビ ------------------------- 4尾
鶏ガラスープ ----------------- 900㎖
（P.58参照。市販の鶏ガラスープでもよい）
酒 --------------------------- 大さじ2
パクチー --------------------- 適宜

〚 作り方 〛

① にらは小口切りにする。にんにくはすりおろす。

② 耐熱ボウルに、豚ひき肉と **A** を入れ、よく混ぜ
　合わせる。この肉だねをボウルの側面全体に貼
　りつけるようにして、真ん中に **1** を入れ、ふわっ
　とラップをかけて、電子レンジ（600W）で4分半
　加熱する。アツアツのうちに全体をよく混ぜる
　（肉みその完成）。

③ 麺を表示より30秒ほど短めにゆでてざるにあげる。

④ エビは尾を残して殻をむき、塩（分量外）で揉み
　洗いして水気をきる。鶏ガラスープと酒を鍋に入
　れて中火にかけ、沸いたらもやしとエビを入れる。

⑤ 器に **3** を入れて **4** のもやしとエビをのせ、スープ
　を注ぎ、**2** をのせる。好みでパクチーを添える。

インスタントフライ麺の原点といわれる台南式意麺を日式鍋焼きで。

材料（1人分）

麺（焼きそば用）	1袋（150g）
白菜（外葉）	1/2枚（60g）
もやし	50g
ハム	3枚
さつま揚げ	1枚
卵	1個
スープ	300mℓ
（P.58 ～の3種のスープストックのどれでもよい）	
しょうゆ	小さじ2
揚げ油	適量

作り方

1. 白菜は食べやすい大きさにちぎる。もやしは（心に余裕があれば）ひげ根を取る。ハムは2cm四方に切る。さつま揚げは薄切りにする。

2. フライパンに深さ1cmほど揚げ油を入れ、180℃（菜箸を入れると泡が絶え間なく上がる状態）になったら麺を入れ、表面がカリッとするまで揚げ焼きする（はじめは麺がばらけるが、揚がってくるとまとめやすくなる）　写真A 。揚がったら油をきる。

3. 小鍋に 2 を入れ、1 の具をのせてスープを注ぎ、しょうゆを加えて卵を割り入れる。ふたをして、中火にかける。スープが温まり、卵が好きな加減に火が通るまで加熱する。

意麺をあらかじめさくっと揚げてから調理するのが、台南式。台湾出身の安藤百福氏が日本で発明し、大ヒットしたインスタントラーメンの原点といわれています。台南にはこれを鍋焼きうどんスタイルにした人気店がいくつかあります。

おいしいに決まっている！
台湾版・味噌汁ぶっかけごはん。

[材料（2人分）]

温かいごはん…2膳分（300g）
豚こま切れ肉 ------- 80g
キャベツ（外葉）…1枚（60g）
（白菜や小松菜など、冷蔵庫
の残りものでよい）
さつま揚げ --------- 1枚
かまぼこ（板付き）---- 50g
もやし ------------ 50g
とうもろこし（粒）---- 80g
（缶詰小サイズ1缶、または
生1/2本分）

鶏ガラスープ ----- 800mℓ
（P.58参照。市販の鶏ガラスー
プでもよい）
しょうゆ --------- 大さじ1
みりん ---------- 大さじ1
水溶き片栗粉 -------
片栗粉小さじ2、水小さじ2
を混ぜ合わせたもの

[作り方]

① 豚こま切れ肉は1cm幅に切る。キャベツは食べやす
い大きさにちぎる。さつま揚げは薄切りに、かまぼ
こは薄いイチョウ切りにする。

② 鍋に鶏ガラスープを入れ、1、もやし、とうもろこし、
しょうゆ、みりんを加えて中火にかける。沸いたら
水溶き片栗粉を2回に分けて入れ、とろみをつける。

③ 器に温かいご飯を盛り、2をかける。

屏東のまかないで教えてもらった、スープかけごはん。
残った肉や魚を全部入れてスープにし、豪快にごはんに
かけます。ちゃんぽんのごはん版です。

コンビニの台湾おでんを再現！
あとを引く辛みに。

台湾麻辣おでん

麻辣關東煮

マーラーグアンドンジュー

[材料（作りやすい分量／4〜5人分）]

鶏ガラスープ ------- 1,500㎖
（P.58参照。市販の鶏ガラスープでもよい）

カツオ節 ------------ 30g

A ┌ だし昆布 ---------- 30g
　├ 酒 -------------- 大さじ3
　├ しょうゆ --------- 大さじ2
　├ みりん ---------- 大さじ1
　├ 豆板醤 ---------- 大さじ1
　└ 八角 ------------- 2片

ごま油 ------------- 大さじ1

〈具材〉

大根 -------- 1/3本（400g）
塩 ------------ 小さじ1/2
鶏レバー ----------- 200g
つみれ（イワシ） ------ 5個
さつま揚げ ----------- 8枚
揚げボール ---------- 12個
焼きちくわ ----------- 2本
厚揚げ -------- 1枚（200g）
フランクフルトソーセージ - 6本
（先端に、タコウインナーのように縦に切り目を入れる）

[作り方]

① 大根は厚めに皮をむき、2cm幅の輪切りにする。鍋に入れ、かぶるほどの水（分量外）と塩を加えて、竹串がすっと通るまで水からゆでる。この湯でフランクフルトソーセージを下ゆでし、串に刺す。

② レバーは3cm大に切り、血抜きをする（P.14参照）。1の残り湯（熱湯）でさっと湯がき、串に刺す。

③ 焼きちくわは斜め半分に切る。厚揚げは熱めの湯で洗って油を落とし、4等分に切る。

④ 鍋に鶏ガラスープを入れて中火にかけ、沸いたら火を止めてカツオ節を入れて10分おき、濾す。

⑤ 鍋にAと1、2、3と残りの具材を入れ、4を注いで中火にかけ、沸いたらふたをして中弱火で15分ほど煮る。仕上げにごま油をまわしかける。

※豆板醤は辛さの好みで加減してください。
※翌日、温め直してもおいしく食べられます。
※ゆで卵やたけのこ、餅巾着など、お好みの具で。

身体が芯から温まる冬の定番鍋
〆にごはんか麺を。

[材料（作りやすい分量／3〜4人分）]

鶏むね肉 ・・・・・・・・・・・・・・ 1枚
手羽先 ・・・・・・・・・・・・・・・ 10本
しょうが ・・・・・・・・ 4個（350g）
にら ・・・・・・・・・・・・・・・・・ 1袋
青梗菜（チンゲンサイ） ・・・・・・・・・・・・・・ 1株

A 鶏ガラスープ ・・・ 1,000㎖
（P.58参照。市販の鶏ガラ
スープでもよい）
酒 ・・・・・・・・・・・ 大さじ3
塩 ・・・・・・・・・・・ 小さじ1
にんにく ・・・・・・・・・・ 2片
〈つけだれ〉
塩、ごま油 ・・・・・・・・ 各適量

[作り方]

① 鶏むね肉は筋を断つように、削ぎ切りにする。フォークで全体に穴を開ける。手羽先はよく洗い、水気をきる。

② しょうがは皮をこそげ取り、すりこぎや瓶の底などを使って、叩き割る 写真A 。

③ にらは長さを3等分にする。青梗菜は外葉をはずして半分の長さに切り、中心の短い葉の部分は縦半分に切る。

④ 鍋に2とA、手羽先を入れて強火にかけ、沸いたらアクを取る。火を弱め、ふたをして15分ほど煮込み、そのあとはこのスープに、野菜や鶏むね肉を入れながら食べる。

※塩とごま油をたれにして食べます。P.106の甘しょうゆやごまだれも合います。
※鶏肉はもも肉でもOK。〆にはごはんや麺を入れて。しょうがは食べ終わるころには、煮込まれて柔らかくなっているので、かじってもおいしいです。

白菜の古漬け鍋

酸菜白肉火鍋
スァンツァイバイロウフォグオ

［ 材料（作りやすい分量／4〜5人分） ］

白菜漬け	250g
酢	大さじ1
塩	小さじ1
豚肉（しゃぶしゃぶ用）	600g
（バラ、肩ロースなどお好みで）	
ロメインレタス	1/2個（150g）
白菜	1/4個（300g）
バジル	4〜5本（80g）
えのきだけ	大1袋（200g）
鶏ガラスープ	1,000㎖
（P.58参照。市販の鶏ガラスープで	
もよい）	
酒、みりん	各100㎖
だし昆布	20g

〈薬味〉

パクチー	5〜6本
にら	10本

〈練りごまだれ〉

白練りごま	大さじ6
酢、しょうゆ	各大さじ3
豆板醤	大さじ2（辛さは好みで）

〈甘しょうゆ〉

しょうゆ	大さじ5
みりん	大さじ3

ごま油、腐乳、豆板醤、にんにくのす
りおろし、しょうがのすりおろし
　　　　　　　　　　　　各適宜

うまみ総動員、たれと薬味で味変しながら楽しもう。

台湾メモ

フオグオ
火鍋というと、辛い鍋を連想するかもしれませんが鍋料理全般を指します。寒い中国大陸の北部から伝わった鍋が多く、たくさんの調味料と数種の薬味を組み合わせて自分流のたれを作って楽しむスタイルが特徴です。

[作り方]

① 白菜漬けは3〜4cm四方に切ってポリ袋に入れ、酢と塩を加えて1時間〜半日おく。

② 野菜はすべて食べやすい大きさに切る。

③ 薬味は小口切りにする。

④ 練りごまだれの材料を合わせてよく混ぜる。甘しょうゆの材料を合わせる。

⑤ 鍋に鶏ガラスープ、酒、みりん、だし昆布を入れ、中火にかけて温める。各自、好みのたれを作り、肉をしゃぶしゃぶし、野菜をスープで煮ながらいただく。

甘ずっぱくしょっぱい味に、疲れが取れます。

梅とレモンの
ジュース

話梅檸檬汁
ファーメイニンモンジー

[材料(2〜3人分)]

梅干し - 3個
レモン汁 - - - - - - - - - - - - - 3個分(150㎖)
きび砂糖 - - - - - - - - - - - - - - - - - 大さじ5

[作り方]

① 梅干しは手で3〜4切れにちぎる。耐熱容器にすべての
材料(梅干しの種も)を入れて、ふわっとラップをかけ、電
子レンジ(600W)で2分加熱し、梅干しを潰すようによく
混ぜ合わせる。

※炭酸水で割ったり、お湯で割ったりしていただきます。アルコールを
加えてサワーにしたり、ハイボールにしたりするのもおすすめ。

台湾メモ

広東省あたりが発祥といわれ
る話梅。白干しの梅干しを作
り、甘い液に漬けてさらに干し
たもの。無添加のものを選ん
で、ハイボールや紹興酒に入
れるのもおすすめです。

台湾を代表するスイーツを、作りやすいレシピで。

豆花〜黒糖シロップ

豆花 トウファ

[材料（2〜3人分）]

豆乳 - - - - - - - - - - - - - 150㎖
水 - - - - - - - - - - - - - - 100㎖
コーンスターチ - - - - - 小さじ1
ゼラチン（粉末）- - - - - - - 5g

〈シロップ〉
黒砂糖（粉末）- - - - - - 大さじ5
水 - - - - - - - - - - - - - - 200㎖
酒 - - - - - - - - - - - - - 小さじ2
ゆでたピーナッツ - - - - - - 適量
（ゆで方はP.111参照）

[作り方]

① 鍋に豆乳を入れる。水にコーンスターチを入れてよく溶き、加える。

② 1を中火にかけ、ホットコーヒーくらいの温度（70℃くらい）になったら火を止め、ゼラチンを2〜3回に分けて加えながらよく混ぜる。冷蔵庫で4時間ほど冷やし固める。

③ シロップを作る。鍋に黒砂糖と水、酒を入れて、火にかける。沸いたら火を止めて冷ます。2にかけ、ゆでたピーナッツをのせる。

※シロップを冷やしてかけ、冷たい豆花に。豆花は温・冷がありますが、ゼラチンは熱くなると溶けてしまうので、この豆花は温かい豆花には向きません。
※ゼラチンはそのまま使うタイプのもの。各ゼラチンの表示に従ってください。

甘くてやさしくて懐かしい、ほっとするスープ。

さつまいものスープ

地瓜湯
ディーグアタン

[材料(作りやすい分量／4〜5人分)]

さつまいも ····· 1/2本(200g)　　水 ················ 200㎖
A｜グラニュー糖 ····· 大さじ3　　牛乳 ················ 300㎖
　｜塩 ············· ひとつまみ　　塩 ················ ひとつまみ

[作り方]

① さつまいもは蒸すか、ゆでて、菜箸がすっと通るまで柔らかくする。

② 1とAをフードプロセッサーに入れて潰す(マッシャーでもよい)。

③ 鍋に2と水、牛乳、塩を入れて中火にかけ、沸騰させないように気をつけながら、完全に混ざり、なじむまで火を入れる(途中、焦げないように、火加減に注意する)。

※さつまいもの色をきれいに生かすため、グラニュー糖にしていますが、きび砂糖や黒砂糖でもOK。その場合、少し多めに入れてください。